Tatjana Kruse

Das Buch der Fülle

Tatjana Kruse

Das Buch
der Fülle

Der magische Weg
zur Erfüllung aller Wünsche
in nur sieben Tagen

Frauenoffensive

WIDMUNG
Für Neith –
Du Herrliche, Du Starke, Du Erhabene

DANKSAGUNG
Ich danke Klio und Kalliope,
Luisa Francia und Zsuzsanna Budapest
und allen Göttinnen der Liebe, der Lust
und des Lachens.

Inhalt

Die Lektüre dieses Buches führt bei schwachen Gemütern (sprich: Frauen) unter Umständen zu schwersten Nebenwirkungen und geistigen Folgeschäden. Beim ersten Einsetzen von Symptomen sofort den nächstbesten (männlichen!) Steuerberater, Finanzberater oder Anlageberater aufsuchen.
Achtung: Im fortgeschrittenen Stadium sind diese geistigen Folgeschäden unheilbar!

Wir lernen fürs Leben:
Das Kleingedruckte unbedingt immer VORHER lesen![*]

*   Dies ist ein Spaßbuch!
    Die wichtigsten Dinge im Leben lernt man überhaupt nur mit
    Spaß an der Sache.
    Also: Lies, lach und mach!

Es gibt jede Menge Bücher zum Thema „Lies dich reich!"
Durchweg von Männern[*] geschrieben. Nur ein paar Beispiele:

Der Klassiker – Napoleon Hills DENKE NACH UND WERDE
REICH.

Dann Hans-Lothar Merten, der in seinem Buch SPARE
UND INVESTIERE RICHTIG – WERDE MILLIONÄR anscheinend zu
Schwarzgeldkonten rät (quasi schwarzmagisch).

Bodo Schäfer schreibt in DER WEG ZUR FINANZIELLEN
FREIHEIT, man solle immer zehntausend Mark als eiserne
Reserve in einem Tresor aufbewahren (angstgeprägt).

Erich Lejeune will in LEBE EHRLICH – WERDE REICH! keine
Patentrezepte anbieten, tut es dann aber doch: *Stelle dich
lebenslang in Frage und lerne lebenslang, dann wirst du
reich, denn Geld ist nichts anderes als die Umwandlung
deiner Leistung in Energie.*

Vielen Frauen ist das wohl zu mühsam; sie machen lieber bei Shows mit dem Titel WER HEIRATET DEN MILLIONÄR?
mit, um sich mehr oder weniger bequem („Mach die
Augen zu und denk an England") ein Leben in Saus und
Braus und Luxus zu verschaffen. Hm.

Aktien, Sparstrümpfe und Versicherungen (die von Na-
turgewalten über Berufsunfähigkeit bis zum Hühnerauge
alles abdecken) beschwichtigen nur deine menschliche

---

[*] Die wenigen Ausnahmen von Frauen gehen zwar auch ums
Reichwerden, aber meist nicht um Geld.

Urangst, ausräumen können sie sie nicht.[*] So gesehen kannst du gleich mal überlegen, ob du das alles wirklich brauchst und auch alles in diesem Umfang brauchst.

Auch den Eso-Bereich decken die Herren der Schöpfung ab. Sanaya Roman rät in KREATIV REICHTUM SCHAFFEN zu einem Sparkonto als Bestätigung deiner Fülle. Dabei wird nicht nur Wasser brackig, wenn es steht – Geld auch.

All diese Jungs und die von ihnen gehirngewaschenen Mädels verbinden Reichtum nur mit einem: mit Geld. Euro, Dollar, Pfund, Aktien, Goldbarren, Diamanten – und alles davon reichlich. Um sich das Leben finanzieren zu können, das man sich schon immer erträumte.

Alles Quatsch.

Lebe das Leben, das du dir schon immer erträumt hast. Das Geld dafür ist längst da.

---

[*] Was nicht heißen soll, daß du beispielsweise keine Vorsorge für deine Rente treffen solltest. Geh jedoch spielerisch mit diesem Thema um. Überantworte deine Macht nicht den Bankern in Anzug oder Powerkostüm, die dir mit ernster Miene vorrechnen, wie hoch deine private Altersvorsorge zu sein habe, damit du deinen „Lebensstandard" halten kannst. Laß dich beraten, und dann verlaß dich auf deine Intuition. Dir stehen viel mehr Quellen offen, als diese Banker je erahnen können.

Einleitungen pflegen stets furchtbar weitschweifig und dröge zu sein – so auch diese. Du kannst sie getrost überspringen und gleich mit dem Kapitel ZUM GEBRAUCH DIESES BUCHES anfangen.

> *Das Leben ist eine magische Reise.*

Der magische Weg zu Reichtum und zur Erfüllung aller Wünsche in nur sieben Tagen – das kann natürlich nur ein „Späßle" sein, wie wir Schwäbinnen zu sagen pflegen. Oder doch nicht?

Die wilde Frau (wahlweise auch die Göttin in dir, die Wolfsfrau oder dein Höheres Ich) lebt für den Augenblick und nicht für obskure Fünf- oder Zehn-Jahres-Finanzpläne oder Aktiendepotvermögensverwaltungen (geschweige denn für eine sichere Rente – ein Widerspruch in sich).

Nur heute, nur in diesem Moment kann ich leben – oder mein Leben ändern, wenn mir etwas nicht länger paßt.[*]

[*] Oi, ich höre sie förmlich aufheulen, die Sicherheitsbewußten. Gemach, gemach – ich predige nicht gegen kluge Planung, sondern gegen „Planung als Weg". Einfach erst mal weiterlesen und Gehirn offen halten.

Geld tut Frauen richtig gut!
Yep. Stimmt. Geld tut gut. Wenn frau es mit einem feinen Dressing zu sich nimmt. Das deckt zwar nicht den täglichen Vitaminbedarf, aber man kann anderen gegenüber große Töne spucken. Was natürlich nur für Scheine gilt. Münzgeld wendet man dagegen am besten äußerlich an: die vorgewärmten Münzen auf Stirn und Schläfen legen und mit kreisenden Bewegungen die heilende Kraft einmassieren.

Wie? Das klingt albern? Aber auch nicht alberner als Sprüche wie: Geld ist nicht alles, aber ohne Geld ist alles nichts.

– oOo –

Was ist Wohlstand?
Wir Frauen müssen uns unsere weibliche Sicht dessen, was Wohlstand ist und ausmacht, zurückerobern – nicht verbissen und mit gefletschten Zähnen, sondern spielerisch-lustvoll (auch wenn ein ordentlicher Panzer nicht schaden kann).

Ja nee, schon klar, das schreibt sich leichter, als es umzusetzen ist, aber nur Mut.

Reichtum heißt für mich, reich an allem zu sein, was ich brauche. Wohlstand heißt für mich, alles zu haben, was nötig ist, damit ich mich *wohl* fühle. Mit Schmuck, Pelzen (pfui bäh), dicken Autos und Designerklamotten hat das erstmal nix zu tun, obwohl für mich ganz persönlich Luxushotels dazugehören.

Die schönen Dinge des Lebens sind dazu da, dir das Leben schöner zu machen – aber für jede definieren sich diese Dinge anders. Ich persönlich brauche beispielsweise keine mehrwöchigen Fernreisen, für dich kann aber genau das die Qualität deines Lebens bestimmen. Ich besitze eine gewaltige Videosammlung (die demnächst wohl in eine DVD-Sammlung umgewandelt wird), weil ich mir jederzeit nach Belieben meine Lieblingsfilme reinziehen möchte, für dich dagegen kann es vollauf genügen, einmal im Halbjahr einen netten Film aus der Videothek auszuleihen und es dir dann mit Kartoffelchips und deinen Lieben auf der Couch gemütlich zu machen.

Will sagen: Jede von uns muß selbst herausfinden, was genau sie mit Reichtum und Wohlstand verbindet.

Dummerweise sind die Begriffe „Reichtum" und „Wohlstand" in unserer Medien-Gesellschaft ausschließlich mit Statussymbolen belegt (männlicher Reichtum ist immer gleichbedeutend mit Prestige), darum heißt das magische Zauberwort ab sofort: *Fülle*.

MACHE DICH AUF DIE REISE ZUR FÜLLE![*]

Wenn du dich auf diese abenteuerliche Reise zur Fülle begibst, ist das nicht nur für dich ein schwer verdaulicher Brocken. Am besten redest du erst mal mit niemandem über das Wagnis, das du unternehmen willst, sonst blutet der Zauber aus und wird kraftlos. Die Flut an Gegenargumenten von den gut Konditionierten unserer Gesellschaft

---

[*] Danke, Luisa.

ist Legion und wird dich in die Knie zwingen, noch bevor du überhaupt den ersten richtigen Schritt getan hast. Laß einfach deine Erfolge für sich sprechen.

– oOo –

Kaum ein Bereich unseres Lebens ist so mit Vorurteilen zugeschüttet wie das Geld und das Geldverdienen. Seit der Zeit, als wir auf dicken Beinchen in den Kindergarten wackelten, hat man uns nämlich ein Mangelbewußtsein eingetrichtert: Mangel an Geld, Mangel an Gütern, Mangel an Liebe, Mangel an Harmonie, Mangel an Gerechtigkeit... die Liste ist endlos. Aber auch endloser Quatsch.

In Wirklichkeit gibt es mehr als genug – von allem.

Provokante These, ich weiß. Es kommt sogar noch „schlimmer": **Es gibt keinen Mangel in diesem Universum**, das uns in endlosem Kreislauf verschlingt und wieder ausspuckt. Die Große Göttin[*] versorgt dich mit allem, was du brauchst (aber aufgemerkt: nicht unbedingt mit allem, was dir die Werbung suggeriert).

– oOo –

Geld und Besitz gelten ja landläufig auch als Macht. Doch wenn du Geld und Besitztümer hortest, dann werden sie

[*] Die Große Göttin ist ein *Symbol* dieses endlosen Kreislaufs der Kraft; sie ist die geballte Energie des schöpferischen Wünschens und Werdens, mit „Filialen" in allem, was lebt, also auch in dir. (Von dem bärtigen Greis, der angeblich alle Gute-Nacht-Gebete der acht Milliarden Menschen auf Erden erhört, aber darüber vergißt, den Planeten vor besagten Menschen zu retten, verabschieden wir uns an dieser Stelle.)

schal, schmecken wie abgestandenes Wasser und bringen nur noch Schlechtes.

Judith Jannberg schreibt in *Ich bin eine Hexe* von der wahren Macht, und die hat nichts mit Geld zu tun: „Ich bin eine mächtige – eine eigenmächtige Frau. Was heißt das? Zunächst einmal, kein Vermögen, kein Geldvermögen zu besitzen. Ich habe kein Geld, bin wirtschaftlich arm. Sehr wohl aber vermag ich meine Energie, alle Kräfte, die mir zur Verfügung stehen, meine Zeit, meine Begabungen, meine Talente, all meine Fähigkeiten für mich und für uns Frauen einzusetzen. Ich vermag etwas. Ich kann etwas bewirken."

Zieh aus diesen Worten nicht den Schluß, daß eine Hexe keinen Rolls Royce fahren, nicht mit Kennerinnenmiene an einer Weinverkostung teilnehmen und keine Penthouse-Eigentumswohnung in bester Citylage besitzen kann. Oder so wie ich grundsätzlich und ausnahmslos erster Klasse reisen (mein Besen ist noch handgefertigt!).

Was immer ein tiefes, inneres Bedürfnis in dir erfüllt, das gönne dir. Sonst verfolgt dich der Gedanke daran unablässig und vergiftet dir den Alltag.

Aber all diese Dinge sind einer Weisen Frau nicht Mittel zum Selbstzweck, sind nicht *l'art pour l'art*, dienen nicht als Statussymbol zum Beeindrucken anderer, sondern bilden allenfalls einen Mosaikstein ihrer äußerst facettenreichen Persönlichkeit – gewissermaßen der „kleine Luxus zwischendurch". Leben hat nämlich sehr viel mit Genießen zu tun.

– oOo –

Gibt es in der Geschichte Beispiele von richtig reichen Hexen? Aber hallo! Viele besitzen Gold ohne Ende, das sie nach mancherlei Katz-und-Maus-Spiel gern an Beherzte verschenken.

Ihrer Person, ihrem Umfeld sieht man diesen Reichtum aber nie an. Offensichtlich liegt ihnen am Gold nix.

Und das hat seinen Grund. Geld und Gold sind Mittel zum Zweck, etwas, das dir jederzeit zur Verfügung steht, wenn du es für etwas Bestimmtes brauchst. *Wollen, wirken, werden* – wie es bei den Hexen heißt. Geld ist nur ein Vehikel, ein Hilfsmittel, denn kaufen kannst du dir die wirklich wichtigen Dinge ohnehin nicht: dein Lachen, deine Träume, deine Begeisterung – und vor allem: gute FreundInnen!

– oOo –

Wenn du am Ende dieses Buches angelangt bist, hast du Kraft.

Dir wird klar sein, daß dich die Göttin in dir mit all dem versorgen wird, was du brauchst. Wenn du ihren Spuren folgst, wirst du in wonniger Fülle nur so baden.

Dafür mußt du keineswegs eine in jeder Beziehung starke Frau sein (obwohl – schön wär's schon, aber das ergibt sich irgendwann wie von selbst).

Folge der Magie der Göttin und laß dich angenehm überraschen!

Ich glaube nicht nur an Wunder,
ich verlasse mich darauf.

Die Aufmerksamkeitsspanne des modernen Menschen schrumpft. Darum ist dieses Buch in unzählige winzige Appetithäppchen aufgeteilt. Und die sehen wie folgt aus:

Das Ritual des Tages
Die praktischen Übungen in diesem Buch nenne ich einfach mal kühn „Rituale". Das erinnert an uralten Hexenzauber, und so falsch ist das gar nicht. Schließlich willst du an diesen magischen sieben Tagen einen mächtigen Zauber wirken – du willst die Reise zur Fülle antreten. Eine Prise Magie kann da nicht schaden.

Die moderne Wissenschaft erkennt nichts an, was sich nicht beliebig oft, an beliebig unterschiedlichen Orten, von beliebig andersartigen Menschen immer und immer genau gleich wiederholen läßt. Erst dann gilt es als Beweis.

Wie jedoch meine Stammtischschwester Susanne zu sagen pflegt: Wer heilt, hat Recht. Was frei übersetzt soviel heißt wie: Probiere die Rituale aus, die dich spontan faszinieren – und wenn sich das gewünschte Ergebnis einstellt, dann ist es gut, ganz egal, was andere sagen oder denken oder tun.

Du solltest überhaupt viel mehr Zutrauen zu der dir innewohnenden Lebensweisheit haben. Selbst diejenigen von uns, die ziemlich verkorkst sind und bislang immer total angepaßt gelebt haben, tragen noch einen Quell uralten Wissens in sich; die Rituale, die dich ansprechen, die dich quasi magisch zu sich ziehen, zapfen einfach nur besagten Quell an – dieses innere Wissen um die Geheimnisse des Lebens.

Wir müssen diese Geheimnisse gar nicht alle entschlüsseln. Ich weiß ja auch nicht, wie man eine Bananentorte backt, und doch esse ich sie leidenschaftlich gern.

Halten wir es doch mit den alten Ägyptern: Lange vor dem Satz des Pythagoras (wir erinnern uns: In einem rechtwinkligen Dreieck ist das Quadrat über der Hypotenuse gleich der Summe der Quadrate über den Katheten oder: $a^2+b^2=c^2$) arbeiteten sie mit mathematischen Formeln, aber sie stellten diese nie in Frage oder ergründeten die dahinterstehende Logik. Wenn die Berechnungen stimmten, war alles anderes uninteressant. Irrelevant, wie Seven of Nine sagen würde.

Recht hat sie.

Die Äktschn des Tages

Nun gibt es unter uns ja einige, die mit abgehobenen Ritualen – Wohnung mit Räucherstäbchen vollstänkern, nackt um ein Lagerfeuer tanzen und dergleichen – nix am Hut haben.

Seid frohen Mutes, ihr ungläubigen Schwestern: Zum Erfolg dieses Buches sind die Rituale nicht zwingend notwendig.

Aber da wir Menschen am besten durch die Dreierkombi „visuell, auditiv und haptisch" lernen (visuell: du liest das Buch, auditiv: du liest es dir laut vor oder wartest auf die Hörkassette, haptisch: du machst praktische Übungen), gibt es zu jedem Tag eine To-Do-Liste... oder wie uns Arnie Schwarzenegger österreicheln würde: einen Äktschn-Plan.

Selbiger ist ein absolutes Muß! Auch wenn du dich sträubst – soviel Zeit muß sein.

Die Göttin des Tages

Für jeden Tag rufe ich eine „Göttin" an (oder auch mal zwei), die sich mit Fülle, Reichtum und Wohlstand auskennt. Wenn du mit Hingabe an sie denkst, wirst du sie innerlich als anwesend wahrnehmen und spüren.

Für die Zweiflerinnen unter euch: Da stellen wir uns keine in eine pastellfarbene Toga gehüllte Hollywoodschönheit vor, die magersüchtig und blasiert auf einem fernen Olymp thront – es geht vielmehr um einen göttlichen Aspekt in uns, dem wir einfach nur einen Namen geben, um uns diese bestimmte Kraft besser vorstellen und einfacher mit ihr umgehen zu können.

Das wußten schon unsere AhnInnen, die keineswegs die dumpfbackigen HöhlenbewohnerInnen waren, als die sie so gern dargestellt werden. Die Göttinnen, denen sie Namen verliehen, sind urweibliche Eigenschaften und Fähigkeiten, und wenn wir diese Eigenschaften und Fähigkeiten wiederentdecken, setzen wir ungeheure Kräfte frei.

Indem wir sie feiern, feiern wir uns selbst. Wir benennen sie und schreiben damit die ununterbrochene Geschichte weiblicher Macht neu.

Zitate & Affirmationen

Und schließlich wimmelt es von Zitaten, die du gern auswendig lernen und als Mantra zweckentfremden darfst.

Auch die diversen Affirmationen eignen sich prächtig, um darüber zu meditieren oder sie wahlweise einhundert Mal abzuschreiben (von Hand, versteht sich, in den Computer hacken giltet nicht...).*

Füllsel-Passagen
Für jeden Tag gibt es diverse Textpassagen – ich könnte auch von „Denkanstößen" sprechen, wenn das nicht so albern klänge. Einfach durchlesen und sich inspirieren lassen.

Aufgemerkt: Befehl von oben!
Lies dieses Buch mit einem Stift in der Hand, und streich alles an, wo du denkst, „ach, interessant" oder „das probiere ich mal aus".

Meinetwegen kannst du auch tanzende Männchen an den Rand kritzeln, jedenfalls will dieses Buch benützt werden. Mach Tee-Flecke oder krümele einen Keks hinein, knick die Seiten um, verwahr Zeitungsausschnitte darin auf – egal: Hauptsache, du lebst interaktiv mit diesem Buch.** Und keine Widerrede!

So, die Spannung steigt, jetzt ist es soweit: Die Reise kann beginnen!

---

* Wer sich bei den Leuten, die ich hier zitiere, indigniert fragt: *Was, solche Idioten zitiert die?*, der darf ich entgegenhalten, daß niemand von uns so doof ist, daß er oder sie nicht hin und wieder auch mal etwas Kluges von sich gibt – und sei es auch noch so unabsichtlich.
** ACHTUNG: Auf meinen Lesereisen werde ich diesen Punkt stichprobenartig überprüfen!

Schon mal was von Teilchenphysik gehört? (Obwohl, wenn du diese Zeilen liest, ist die Teilchenphysik wahrscheinlich längst schon wieder überholt...)

Gemäß der Teilchenphysik besteht jede Energie aus Teilchen, auch Quanten genannt. Die Quantentheorie hat sich nun vorgenommen, das Verhalten dieser Teilchen minuziös zu beschreiben. Allerdings verhalten sich diese Teilchen recht merkwürdig: Man kann sie nicht exakt messen, und man kann nicht vorhersagen, was genau sie tun werden. Manchmal verhalten sie sich wie Teilchen, manchmal – *parbleu!* – wie Wellen. Manche Teilchen interagieren (sie „wechselwirken"), obwohl sie Milliarden Kilometer voneinander entfernt sind.

In dieser „Quantenwelt" herrschen für Ursache und Wirkung andere Regeln als in „unserer Welt", manchmal kommt dort zum Beispiel die Wirkung vor der Ursache, und manchmal sind Ursache und Wirkung zeitgleiche Phänomene. Wem das unsinnig erscheint, die heiße ich in der Welt der Magie herzlich willkommen.

Yep, eines Tages ist vielleicht auch die Welt des Magischen wissenschaftlich erklärbar (das bringt momentan nur weder Fördergelder noch Renommée, weswegen die WissenschaftlerInnen es nur milde belächeln).

Im Augenblick ist es wissenschaftlich daher noch völlig unerklärlich, warum du – wenn du drei Tage hintereinander ein Geldritual durchführst, weil du dringend eine Rechnung in Höhe von 450 Mark begleichen mußt –

„urplötzlich" und aus „heiterem Himmel" als tausendste Kundin eines Schreibwarenladens einen Scheck über 500 Mark in die Hand gedrückt bekommst.

Das kann uns aber wurscht sein, denn göttinseidank funktioniert die Magie auch ohne qualvolle Versuchsreihen an weißen Mäusen.

Ist doch geil, oder?

Willkommen in der Welt der unerklärlichen Phänomene.

Bitte gut anschnallen, jetzt geht's lo-os!

Montag

Der frühe Wurm trickst den Vogel aus!

FrühaufsteherInnen haben Glück gehabt, für alle anderen heißt es heute ausnahmsweise mal mit den Hühnern aus den Federn, also spätestens um sieben Uhr. Wiewohl, Hühner würden unsereiner um diese Uhrzeit schon fast wieder ein fröhlich-mittägliches „Mahlzeit" entgegen-gackern...

Es wäre schon „irre intensiv", wenn du an diesem ersten Tag vom Rest deines neuen, reichen Lebens den Sonnenaufgang miterleben würdest. Sehr symbolisch!

Es muß auch nicht unbedingt der erste Strahl der Sonne sein, es genügt schon, einfach dabei zu sein, wenn der Tag langsam erwacht.

– oOo –

Heute ist ein besonderer Tag – der erste Tag deines neuen Lebens in Reichtum und Fülle. Klingt gut, gell? Sorgen wir dafür, daß es nicht nur leere Worte bleiben.

Der Montag (*Mond*tag) ist der Mondin geweiht und als solcher ein Tag der Verträumtheit, der inneren Einkehr, des Nachdenkens.

Die Montagsenergie eignet sich besonders gut für emotionale Magie – in unserem Fall heißt das, wir sorgen erst mal für die richtige innere Einstellung zur Fülle.

– oOo –

Stimme dich auf die Fülle ein

Du mußt Fülle nicht mühsam selbst produzieren, sondern sie einfach akzeptieren und dich darauf einstellen. Genial für alle, die wie ich von Natur aus faul sind.

In unserem Universum der Fülle zirkuliert alles – und landet dabei zeitweise bei dir. Du solltest es genießen und es dann wieder in den großen Fluß, das endlose Fließen zurückgeben.

Wieviel bei dir landet, hängt davon ab, wieviel du anzunehmen bereit bist.

Die Grenzen für dein persönliches Glück und deinen Erfolg setzt deine Annahme, daß es dafür überhaupt Grenzen geben müsse.

Fülle ist allerorts vorhanden. Richte deine Antenne danach aus, und gönne dir einen „guten Empfang".

Geld macht nicht reich,
es sei denn reich
das Herz zugleich.

– oOo –

Keine Panik!

Ist die Katze bereits in den Brunnen gefallen – will sagen, steckst du schon bis zu den Nasenflügeln in Schulden –, gilt als erste Regel: Nur nicht die Nerven verlieren.

Angst lähmt nicht nur den Willen und den Geist, sie scheint auch auf irgendeine mysteriöse Weise Geld zu verscheuchen – vermutlich, weil Menschen, die Angst haben, nicht kreativ oder erfinderisch oder fähig sind, sich selbst zu helfen.

Bemühe dich, ruhig, sachlich, logisch und vor allem zuversichtlich zu sein. Und ganz wichtig: Sei nicht zu stolz, die professionelle Hilfe einer SchuldnerInnenberatung (zum Beispiel von Kommunen oder karitativen Einrichtungen) in Anspruch zu nehmen. Laß dir dabei helfen, wieder auf die Beine zu kommen. Allerdings nach dem altbewährten Prinzip, dir keinen Fisch schenken zu lassen, sondern das Angeln zu lernen...

Liebe Sterntalerin,

wenn dein Herz an nichts mehr hängt, mußt du nur dein Hemd aufhalten, und schon purzeln dir die Sterne in den Schoß! Auch Sterne leben. Es gibt so was wie einen Glücksstern. Suche deinen Glücksstern und rede mit ihm!

Deine Märchenfee

DIE ÄKTSCHN DES TAGES

Halte geistige Diät

Dieser Aufforderung bin ich mal in einem Buch von Joseph Murphy begegnet, und mein erster Gedanke war: Hä? Aber das Prinzip ist so einfach wie wirkungsvoll.

Außerdem ist für mich als überzeugte *Fat Activist*in die geistige Diät überhaupt die einzig wahre Diät, alle anderen sind reine Idiotie.

Ob du gewohnheitsmäßig fröhlich und glücklich bist oder pessimistisch und deprimiert, hängt allein von der „geistigen Kost" ab, von der du dich ernährst. Wenn du konsequent dein Denken änderst, ändern sich zwangsläufig auch deine Lebensumstände.

Hier nun die einzige Regel dieser magischen Diät: In den kommenden sieben Tagen darfst du dir auch nicht einen einzigen Augenblick lang erlauben, bei einem negativen Gedanken zu verweilen.

Natürlich werden trübe Gedanken dich wie bisher bestürmen (vor allem, wenn du dir regelmäßig die Nachrichten im Fernsehen oder in den Printmedien reinziehst), und keine kann ununterbrochen „gut drauf" sein, aber erlaube dieser mutlosen Stimmung nicht, sich in deinen Gehirnwindungen einzunisten. Nimm sie einfach zur Kenntnis, und geh dann wieder zur Tagesordnung über.

Keine Sorge – du sollst nicht den Rest deines Lebens auf eine kritische Einschätzung zur Lage der Welt verzichten, nur sieben Tage lang. Es ist ein Experiment – ein nicht-tödlicher Selbstversuch, wie ihn jede bahnbrechende Wissenschaftlerin einmal im Leben wagen sollte.

Die Sache hat natürlich einen Haken: Du mußt die Diät, damit sie wirkt, auch tatsächlich sieben Tage am Stück durchhalten. Wirst du auch nur einmal rückfällig und denkst zehn Minuten lang darüber nach, wie ungerecht es doch ist, daß die Trulla aus der Buchhaltung eine Gehaltserhöhung bekommen hat, du aber nicht, oder wie furchtbar und sinnlos es ist, daß wieder einhundert Menschen ihr Leben bei einem Terrorakt verloren haben[*], dann mußt du noch einmal ganz von vorn anfangen.

---

[*] Über das Elend der Menschheit nachzugrübeln, hilft weder dir noch den Leidenden dieser Welt. Entweder macht dich ein tragisches Geschehen be-troffen (d.h. es trifft dich im Innersten), dann geh hin und unternimm etwas (spende für die Opfer, hilf in einem Notstandsgebiet vor Ort oder bei einer Hilfsorganisation in deiner Nähe, leiste Aufklärungsarbeit oder organisiere

Nichts und niemand kann dich von deiner Diät abbringen, nur deine eigene Reaktion auf das Verhalten anderer. Beruhigend ist jedoch: Egal, wie oft du die Diät neu beginnen mußt, sie ist absolut frei von schädlichen Nebenwirkungen, und der berüchtigte Jojo-Effekt bleibt garantiert aus!

Wenn nach dieser geistigen Entschlackungsdiät dein ganzes negatives Gedankengut ausgeräumt und herausgeschwemmt ist, besitzen die Zellen deines Körpers eine neue Schwingung – sie „summen". Und du summst mit ihnen.[*]

Entwickle ein Wohlstandsbewußtsein

Ein Bewußtsein für die Fülle stellt sich nicht zufällig ein. Niemand kommt damit auf die Welt, und es wird dir auch nicht einfach so von der guten Fee zur Volljährigkeit geschenkt. Das Bewußtsein für die Fülle ist eine geistige Einstellung, bei der du Wohlstand und Überfluß überall erwartest und siehst.

Nach meiner Ausbildung konnte ich mir nur eine billige Wohnung leisten, und der Weg mit der Straßenbahn zur Arbeit führte durch eine Gegend, die alles andere als reizvoll war. Um nicht gleich am frühen Morgen den voll-

eine Mahnwache, was immer). Wenn dir das alles zu mühsam ist, dann jammere aber auch nicht herum – streiche dieses Ereignis aus deinem Wachbewußtsein.

[*] Das Summen gefällt den Göttinnen übrigens ganz besonders. Wenn du beim Summen spürst, wie deine Schädelknochen vibrieren, dann macht das nicht nur Spaß, es öffnet auch dein Gehirn für „neue Programmierungen": Jetzt kannst du ihm am besten klarmachen, wie du künftig denken willst – lustvoll, frech, beherzt und reich.

en Depri-Schub zu erhalten, machte ich ein Spiel daraus, unterwegs alles wahrzunehmen, was schön, edel und inspirierend war. Es dauerte eine Weile, bis ich zwischen all der Verwahrlosung und Verkommenheit einen besonders liebevoll begrünten Balkon entdeckte oder die architektonische Schönheit eines Gebäudes, das vor lauter Satellitenschüsseln und zum Trocknen aufgehängter Wäsche kaum zu erkennen war, aber als ich dann endlich in ein Viertel ziehen konnte, wo frau des Nachts nicht aus fahrenden Autos mit dem Ruf „Wieviel?" verfolgt wurde, verabschiedete ich mich von einer Strecke mit unzähligen Kostbarkeiten.

Das Bewußtsein der Fülle (Catherine Ponder nennt es *Wohlstandsbewußtsein*) betrachtet das Leben als Abenteuer. Wenn du nach Freude und Erfüllung Ausschau hältst, wirst du sie auch immer finden. Ehrenwort.

Sobald Probleme und Schwierigkeiten auftauchen, betrachte sie einfach als Herausforderungen, such nach der Gelegenheit, die sich durch diese Herausforderung ergibt, und nutz deine Chance.

Sag dir immer wieder: Es gibt für mich in jedem Bereich meines Lebens sagenhaft viele Möglichkeiten.

Alles scheint sich zu verändern,
wenn wir uns verändern.
Henri Amiel

Vitalität und Energie für ein Leben in Fülle
Bewußtheit ist das Tor zu Vitalität und Energie. Betone stets, was du willst, und nicht, was dir mißfällt oder fehlt. Rücke die Fülle in den Brennpunkt deiner Gedanken.

Gib dir jetzt sofort das Versprechen, das zu tun, was du gern tust und was dir Spaß macht.* Du wirst feststellen, daß sich prompt eine Fülle von Möglichkeiten auftut, an die du vorher nicht einmal im Traum gedacht hast. Das gilt ganz besonders für dein Berufsleben.

Bau positive Affirmationen in deinen Alltag ein, um am Ball zu bleiben. Die Fülle ist da und wartet nur darauf, von dir angezapft und weitergegeben zu werden. Durch eine bewußte positive Einstellung findest du die Kraft dazu.

Wohlstand bedeutet, alles zu haben, was du dir wünschst, was dir Kraft verleiht, dich lustvoll leben läßt – nicht alles zu haben, was es auf dem weiten Erdenrund zu kaufen gibt. Wozu denn auch? Oder wie es in Zaire heißt: „Auch mit zwei Ohren hörst du nicht doppelt."

DAS RITUAL DES TAGES

Earl-Grey-Zauber
Die Legende will es, daß Bergamotte angeblich Geld anzieht. Lexa Roséan rät deshalb, Earl-Grey-Tee zu trinken – ein Tee, der aus leichten China-Tees und aromati-

---

* Ey, aber aufgemerkt: Das ist keine Propaganda für ein Dasein der Spaßmaximierung um jeden Preis, sondern die Fürsprache für ein selbstbestimmtes Leben, das du zwar mit Rücksicht auf andere, jedoch konsequent nach deinen eigenen Regeln führst.

schen Darjeelings mit feinem Bergamotte-Öl hergestellt wird.

Ehrlich gesagt, finde ich Earl-Grey-Tee ätzend, aber was tut frau nicht alles, um nur das zu empfehlen, was sie auch selbst ausprobiert hat. Also habe ich drei Tage nacheinander morgens auf nüchternen Magen eine Tasse Earl-Grey-Tee getrunken.

Mir war zwar drei Tage übel, aber am Abend des dritten Tages rief meine Agentin an und teilte mir mit, daß sie die Rechte für mein neues Buch für eine sensationelle fünfstellige Summe verkauft habe.

Also, Earl-Grey-Tee kaufen und eine magische Anzahl von Tagen (3, 9, 21 oder 33) morgens nüchtern trinken, die magischen Worte „Herbei! Herbei! Herbei!" sprechen[*] und sich auf das Ergebnis freuen!

WIR RUFEN DIE GÖTTIN

Die Inderinnen nannten die Meerkuh, die aus den Fluten des Ozeans stieg, um den Menschen Fülle, Reichtum und Glück zu bringen, **Surabhi,** die „Wohlriechende".

Sie brachte nicht nur Lust und Wonne, Überfluß und Luxus, sondern betörte auch die Sinne der Menschen. Erweisen wir uns dankbar und beglücken sie unsererseits heute mit einem köstlichen Duft: Verbrenne Weihrauch oder zünde eine Sandelholzkerze an oder laß einfach ein

---

[*] Die wahre Macht liegt immer in dir. Alle Zaubersprüche sind einfach nur ein Mittel zum Zweck, ein Hilfsmittel, das deine dir innewohnende Macht unterstützen soll. Magie gelingt am besten mit Ehrerbietung und einem gesunden Sinn für Humor!

Stückchen Papier in Flammen aufgehen – was immer du selbst gern riechst und gerade zur Hand hast. Die Geste zählt!

– oOo –

Ach, und wo wir gerade in Indien sind, denken wir doch auch an **Lakshmi**, die Göttin des irdischen Glücks, die alle Formen des Reichtums verkörpert: natürlich Juwelen, Münzen und seltene Muscheln, aber auch die prächtigen Freuden des spirituellen Lebens.

Ihr zu Ehren kannst du heute einen Blumenkranz flechten. Grobmotorikerinnen wie ich können auch einfach ein buntes Tuch für sie tragen oder neben einer Muschel eine bunte Kerze für sie anzünden.

Dies ist ein ausgesprochen guter Tag.
Ich werde phantastische Kontakte knüpfen,
prächtige und sehr interessante Menschen kennenlernen.
Ich werde heute Großes leisten und über meine
kühnsten Erwartungen hinaus gedeihen.
Joseph Murphy

DIENSTAG

Das Leben ist entweder ein Abenteuer oder ein Nichts.
Helen Keller

Die alten RömerInnen ehrten am Dienstag den Planeten Mars, der Mut, Konfrontation und Kühnheit regiert (Dienstag ist laut Mackensen die eingedeutschte Version des lateinischen *dies Martis*).

Die Dienstagsenergie ist, so gesehen, eine reinigende Kraft, die auch feste Verkrustungen aufbrechen kann.

Na denn, packen wir's an.

DIE ÄKTSCHN DES TAGES

Raum schaffen für das Neue

Die Natur verabscheut das Vakuum. Entledige dich also all der Dinge (und Menschen und Einstellungen), die du nicht wirklich benötigst, und laß Neues nachfließen.

Was du in 365 Tagen nicht ein einziges Mal gebraucht hast, das kann jemand anderes sicher besser nützen: Verkauf es auf dem Flohmarkt, verschenke oder entsorge es.

Wer mich sieht, wird es nicht glauben, weil mein Geschmack in Sachen Mode gewissermaßen nicht-existent ist (manche nennen ihn auch erbärmlich), aber ich gönne es mir zweimal im Jahr, fast meine komplette Garderobe zu erneuern. Die alten Kleider gebe ich in die Altkleidersammlung. Das tut mir gut, ich fühle mich wohl in meinen neuen Sachen, und zahllose bedürftige Frauen mit Übergröße bekommen kaum getragene, noch halbwegs angesagte Sachen.

Durch das Weitergeben und Nichtfesthalten erhöht sich der Energiefluß in unserem Leben.

Das gilt übrigens auch für Menschen: In einem Leben der Fülle ist kein Platz für DauernörglerInnen oder Überzeugungspessimistinnen. Trenn dich von diesen falschen FreundInnen, und such dir Menschen, die offen für das Gute sind.

Du solltest alles aus deinem Leben bannen, das nicht länger deinen Vorstellungen entspricht. Stell dir vor, du seist ein Heißluftballon: Wenn du dich der Sandsäcke nicht entledigst, wirst du nie an Höhe gewinnen.

Klingt das grausam?

Das Leben ist ein ständiger Prozeß des Loslassens und sich Erhebens auf die nächste Ebene. Man kann die Worte „Wir passen nicht zusammen" durchaus auch mit Feingefühl aussprechen. Also handele und schaffe ein Vakuum, das erneut gefüllt werden kann.

Schaffe Raum für dein Gutes. Entledige dich all dessen, was du nicht mehr brauchst, und mach Platz für das, was du dir wünscht.

– oOo –

Ich war schon unzählige Male pleite,
aber ich war nie arm.
Lawrence Block

Pleite ist man vorübergehend –
Armsein ist ein geistiger Zustand.

– oOo –

Träume dir ein Leben der Fülle herbei

Ja, schön wär's schon, wenn wir uns nur zu einem gemütlichen Mittagsschläfchen hinlegen müßten, und beim Aufwachen wären – abrakadabra! – all unsere Träume wahr. Aber nicht darum geht es, sondern um das „luzide Träumen". Frag deine Träume, wie dein Leben der Fülle aussehen soll.

Nimm am besten ein Bad mit wohltuenden Ölen, trinke anschließend einen heißen Tee und leg dich auf dein Bett. Nunmehr sind Körper und Geist in wohlige Entspannung versetzt und bereit, dir über deine Träume Zugang zu deinem tiefsten Innern zu gewähren.

Leg Stift und Papier neben dein Bett und notiere alles, was du beim Aufwachen noch weißt. (Oder was dir im Dämmer zwischen Schlaf- und Wachbewußtsein in den Sinn kommt.) Das kann am Anfang eher wenig sein, aber mit der Zeit wirst du die Fülle der Informationen kaum bannen können.

Schlaf jeden Abend mit dem Gedanken ein: Heute werde ich von meiner Zukunft, von meinem Leben in Fülle träumen.

Möglicherweise tauchen zuerst die Dinge auf, die dich von der Fülle abhalten. Stell dich ihnen, schau ihnen ins Gesicht.

Bald schon wirst du jedoch konstruktive Ideen bekommen. Du wirst dein Büro leicht verändert sehen, eine andere Stadt erkennen, dich bei ungewohnten Tätigkeiten entdecken.

Vertrau deiner Intuition. Du wirst schon selbst wissen, welche deiner Träume in die Tat umgesetzt werden wollen.

Dazu gehören auch deine Tagträume – jene Bilder, die sich dir im wachen Zustand immer wieder aufdrängen und dich in ihrer verlockenden Schönheit schon beinahe in eine Trance versetzen. Viele alte Völker wie beispielsweise die nordamerikanischen UreinwohnerInnen wußten vor der Zwangszivilisierung (und manche wissen es heute noch), daß Phantasien realitätsbildend sein können. Für sie gab es keine Trennung zwischen der äußeren Welt der Dinghaftigkeit und der inneren Welt der Vorstellungen und Träume. Wirklich ist, was wirkt, alles ist wahr, was man wahr-nehmen kann, auch das innere Erleben.

Wahre Hexenkunst besteht darin, den eigenen Visionen, den eigenen Träumen Gestalt zu verleihen. Forme deine Realität, sei die Schöpferin deiner Lebensumstände.[*]

Wenn du also herausfindest, was dein Inneres möchte, mach dich daran, es in die Tat umzusetzen.

DAS RITUAL DES TAGES

Pfennig-bespucken
Von meinen Großmüttern (den biologischen und den spirituellen) habe ich gelernt, stets einen Pfennig in meiner

---

[*] Höre ich da die empörte Stimme einer notorischen Schwarzseherin? „Ja, aber was, wenn ich krank, einsam, benachteiligt oder alles drei bin? Wie soll ich denn unter solch widrigen Umständen mein Leben selbst erschaffen? Nun?" – Tja, liebe Schwester, deine Methode hat offenbar bislang nicht funktioniert. Versuch es doch mal mit meiner. Nöl nicht, sondern probier neue Wege aus!

Geldbörse bei mir zu tragen. Dieser Pfennig darf nie ausgegeben werden, denn er hat eine wichtige Aufgabe zu erfüllen: Er lockt Geld in den Beutel!

Und in der Tat: Meine Geldbörse war noch nie leer.

Also wähle heute einen Glückspfennig aus, spucke[*] ihn dreimal mit dem Auftrag an, stets getreulich Geld zu dir zu ziehen, und steck ihn vertrauensvoll in deinen Geldbeutel.

– oOo –

> *Der Sinn des Lebens ist es schließlich, zu leben,*
> *bis an die äußersten Grenzen dessen zu gehen,*
> *was wir erfahren können,*
> *begierig und furchtlos nach immer neuen*
> *reicheren Erfahrungen zu greifen.*
> Eleanor Roosevelt

– oOo –

[*] Apropos Spucke: Deine Spucke ist eine mächtige Verbündete. Spucke dreimal auf die Schwelle deiner Wohnung, und niemand Unerwünschtes wird sie kreuzen! In alter Zeit traute man der Spucke soviel Macht zu, daß sich die Menschen verflucht glaubten, wenn man vor ihnen in böser Absicht ausspuckte. Und sie hatten Recht...

WIR RUFEN DIE GÖTTIN

Die alten ItalienerInnen nannten die Göttin des Glücks und des Überflusses **Fortuna**.

Sie trägt ein Füllhorn unter dem Arm, aus dem alles herausströmt, was du brauchst.

Sie ist eine Glücksfee, aber auch die mächtige Herrscherin über eine wahrhaft unwiderstehliche Kraft (lateinisch *fors*), die dir alles zu-fallen lassen kann, was du dir nicht erarbeiten oder verdienen kannst oder sollst.

---

*Ich kann nichts tun, was sich nicht von allein tun will,
und ich kann auch nichts lassen, was von mir
nicht gelassen werden will.
Also ziehe ich meine Kreise und lege mich
auf die faule Zauberhaut.*
Luisa Francia

MITTWOCH

Ein Garten wird nicht dadurch angelegt,
daß man im Schatten liegt
und „Hach, wie entzückend!" murmelt.
Rudyard Kipling

Mittwoch stammt vom Althochdeutschen *mittawehha* (soviel wie „Mitte der Woche"), was heißt, daß wir uns langsam der Fortgeschrittenenstufe nähern.

Also kräftig in die Hände gespuckt und los!

– oOo –

Begeisterung und harte Arbeit
Das Leben bringt sich stets in verschwenderischer und großartiger Fülle zum Ausdruck, aber nur, wenn du den Boden bereitest, kann die Saat auch aufgehen.

Es stimmt schon: Materielle und geistige Reichtümer werden dir in den Schoß fallen, aber an der richtigen Einstellung und an den rechten Umständen mußt du vorher selbst Hand anlegen.

Wenn du beispielsweise beruflich das machst, was du gerne tust, wirst du davon leben können, aber du solltest schon auch wissen, wie die Worte „Disziplin" und „Fleiß" buchstabiert werden. Die junge Frau im Märchen von der Frau Holle bekam den Goldregen nicht wegen ihrer blonden Locken, sondern weil sie großzügig und gewissenhaft war und alle Arbeiten ohne Murren erledigte.

„Chancen" bekommst du durch Beharrlichkeit. Dadurch, daß du dich auf dein Ziel konzentrierst und solange intensiv darauf hinarbeitest, bis du es erreicht hast.

DIE ÄKTSCHN DES TAGES

Leg dir eine Schatzkarte an
Eine Schatzkarte führt dich dorthin, wo deine ganz persönlichen Schätze liegen – sie läßt deine Vision Wirklichkeit werden.

Sammle Abbildungen oder Symbole von allem, was du in dein Leben bringen willst. Das können Fotos sein, Zeichnungen, Wörter, die du mit bunten Stiften geschrieben oder aus einer Zeitung ausgeschnitten hast, kleine Gegenstände – alles, was dich mit Leidenschaft erfüllt, funktioniert (auch Dankschreiben, ein Ausschreibungstext, ein Artikel).

Zeichne einen großen Kreis auf einen festen Karton und klebe strahlenförmig oder in konzentrischen Kreisen alles auf, was dir hilft, dich innerlich auf deine Vision einzustimmen.

Dann häng diese Schatzkarte an einen Ort, wo du sie zwar oft siehst, aber niemandem erklären mußt.

Sie wirkt bei jedem Blick, den du darauf wirfst, als lebendige Affirmation – ein Zauber, der peu à peu die gewünschten Ergebnisse zeitigt.

Auch heute wage ich mich wohlgemut
ins Abenteuer des Lebens.
Ich bin voller Fröhlichkeit und Begeisterung.
Ich habe genügend Kraft und Energie, die zu sein,
die ich bin,
und all das zu tun, was ich tun muß.

Was du gern tust, bringt Fülle und Freude
Es gibt keinen Mangel an Gelegenheit, von dem zu leben, was dir Spaß macht. Es gibt höchstens einen Mangel an Entschlußkraft, es in die Tat umzusetzen.

Wenn du als Chef-Controllerin oder als Friseurin unglücklich bist und deinen Lebensunterhalt lieber als Tangolehrerin oder Immobilienmaklerin verdienen würdest, dann wisse, daß es möglich ist.

Ist dir noch nie aufgefallen, daß das Gehalt in einem ungeliebten Beruf nie auszureichen scheint? Du kannst soviel kaufen, wie du willst, dein Haus bis unter die Dachbalken mit Zeugs füllen, immer der neuesten Mode folgen und nur in angesagten Gourmettempeln speisen, es wird dennoch nicht die Tatsache ändern, daß du unzufrieden mit der Art und Weise bist, wie du dein Leben lebst.

Such dir eine Aufgabe, die dich glücklich macht, wo du etwas bewirken kannst, wo du auf die Frage „Was mache ich hier eigentlich?" eine gute Antwort weißt. Dann ist es auch absolut egal, ob du weniger verdienst als in deinem alten Job und selbst weniger als deine doofe Cousine, die Neurochirurgin...

Was könnte wichtiger sein, als an den Ort zu gelangen, an dem du Erfüllung findest? Ein Beruf läßt sich wechseln wie ein Hemd (na gut, vielleicht nicht gerade wie ein Hemd, sondern eher wie ein engsitzender Neoprenanzug, aber er läßt sich wechseln). Viel wichtiger ist die Berufung. Was deine Berufung ist? Die Antwort steckt in dem Wort: ein innerer Ruf, die leise Stimme in deinem Innern, die dich genau dorthin manövrieren wird, wo du hingehörst, wenn du denn auf sie hörst. Mal ehrlich, du hast sie schon gehört, aber sie mit der Vorschlaghammermethode zum Schweigen gebracht, weil dir ihre Einflüsterungen unangenehm waren: Die Arbeit als Entwicklungshelferin ist doch viel zu gefährlich, der Beruf des Krankenpflegers genießt null Ansehen, als Kindergärtnerin verdient man viel zu wenig, und, und, und. Stimmt's oder habe ich recht?

Machen, Macht, mächtig, Vermögen, Vermächtnis, Möglichkeit, etwas vermögen, ermöglichen, Magie – alle diese Wörter haben denselben Stamm. Die Hexen wußten seit Urzeiten, was Magie bedeutet. Bei der wahren Magie geht es nicht um Mätzchen, die mit unverständlichen Beschwörungen und ein paar Räucherstäbchen eindrucksvoll inszeniert werden, sondern darum, die Welt zu verändern – *deine* Welt zu verändern. Und das kann jede Frau.

Sag also nie „ich kann nicht", sag allenfalls „ich will nicht" – das stärkt deine Eigenverantwortlichkeit und deine Selbstsicherheit. Du „machst" dein eigenes Universum möglich!

Was wir aufrichtig und zutiefst anstreben,
das sind wir in gewisser Weise schon.
Das bloße Wollen verändert schon unser ganzes Sein,
und der Wunsch wird zur Wirklichkeit.
Anna Jameson

Das Gesetz der Versorgung

Das Universum ist von einer großzügigen Göttin erschaffen worden. Sie hat es mit so vielen wunderbaren Dingen ausgestattet, daß wir getrost darauf bauen können, wie „die Spatzen auf dem Felde" immer ausreichend versorgt zu werden (sorry für diese Leihgabe von einer anderen Baustelle). Allerdings müssen wir in Harmonie mit ihren Gesetzen leben – manche nennen diese Gesetze auch Tao.

Das ist jedoch kein Trick, um reich im Sinne der Männerdefinition zu werden. So funktioniert es nicht.

Du wirst immer alles haben, was du brauchst, und das in Fülle, aber wenn du (nur um deine alten SchulfreundInnen zu beeindrucken) in einer Penthouse-Wohnung in der City einer Metropole wohnen, wenn du (rein aus Prestigegründen) einen dicken Porsche und (weil andere dann so neidisch gucken) stets die neuesten Designerfummel tragen willst, dann solltest du das Schlipsträgerspiel mitspielen, dieses Buch aus der Hand legen und eine norm-konforme Karriere anstreben.

Nimm dir doch mal ein Beispiel an den Frauen von Juchitán, einem der letzten „matriarchalen" Orte der Neuzeit. Diese selbstbewußten Mexikanerinnen finden es nicht erstrebenswert, Geld zu scheffeln. Wozu auch? Reichlich zu essen, ein bißchen Geld für sich, der Rest für die häufig stattfindenden Feste.

Als reich gilt bei ihnen nicht, welche am meisten Knete gehortet hat, sondern welche zu den Festen am meisten beiträgt. Einen Mann als Versorger braucht dort keine – allenfalls als Liebhaber.

Na, wenn das nicht paradiesisch klingt...

Denke reich

Worte leben. Wenn man in eines hineinschneidet, dann blutet es.

Sprich also niemals eine Idee aus, es sei denn, du willst sie verwirklicht sehen.

Sage nie, du seist „arm" oder „finanziell etwas eingeschränkt" oder „dir fehle es an diesem oder jenem". Damit beschwörst du deine Bedürftigkeit förmlich herauf.

Erlaube es keinem Gedanken der Not, sich in deinem Kopf häuslich einzurichten. Wenn einer auftaucht, ersetze ihn *stante pede* durch einen Gedanken an Fülle. Es genügt schon ein Wort: *Fülle!*

RITUAL DES TAGES

Der magische Kessel

Daß meine geliebten drei Hexen aus Shakespeares *Macbeth* um einen brodelnden Kessel tanzten, hatte mehr als nur dramaturgische Bewandtnis.

Natürlich ist der Kessel ein Symbol für den Mutterleib, der immer wieder aufs Neue Wiedergeburten ermöglicht, aber der Hexenkessel ist auch in anderer Hinsicht ein Ort der Wandlung.

Ihn als reines Geldvermehrungsmittel zu sehen, wäre vermessen, aber das Mehren der Fülle ist schon auch einer seiner Aspekte.

Besorge dir also einen Kessel. Am besten in schwarz. Das muß jetzt kein gewaltiger, hexencoventanztauglicher

Gigantokessel sein. Es reicht schon eine kleine Schüssel oder sogar eine bauchige Tasse aus dem Küchenschrank, die du ab sofort zu deinem Hexenkessel umfunktionierst.

Fülle deinen Kessel mit etwas trockener Erde oder mit Sand. Um die Kräfte der Luft und der Erde zu locken, kannst du noch einen Glücksstein und eine Feder hineinstecken. Und jetzt kommt der magische Teil: Stecke den größten Geldschein* hinein, den du dir momentan erlauben kannst.

Auf verblüffende Weise wird er mehr Geld zu dir ziehen. Es ist das Prinzip des Sympathiezaubers – Gleiches zieht Gleiches an!

WIR RUFEN DIE GÖTTIN

Warum in die Ferne schweifen, wo das Gute liegt so nah. Und zwar in Gestalt von **Haband** (auch Habondia genannt, was soviel wie „Überfluß" bedeutet).

Sie ist eine uralte germanische Erdgöttin, die später zur Feenkönigin wurde.

Wo sie auftaucht, hat die Not keinen Platz mehr. Sie liebt Gesang und Tänze, und wenn du ihr Blüten im Garten, auf dem Balkon oder im Wald auslegst, dann erfüllt sie deine Wünsche.

---

* Amerikanische Hexen empfehlen bei diesem Ritual immer gern einen grünen Altar, grüne Blätter, grüne Steine und grüne Kerzen. Dabei ist grün für unsere amerikanischen Schwestern einfach die Farbe von Dollar-Scheinen. Der Zauber hängt nicht an der Farbe, sondern am Symbolgehalt. Also, wenn schon Kerze, dann in der Farbe der Scheine, die *du* anlocken möchtest.

Ja, und dann gäbe es in unseren Breiten noch **Erda**, die germanische Urmutter, die unter anderem auch auf hohen Bergen verehrt wird.

Sie verkörpert die formgewordene Fülle, den mächtigen weiblichen Körper, die weibliche Lust und die weibliche Macht. Bei ihr kannst du Kraft tanken, wenn du dich saftlos und ausgelaugt fühlst.

Es muß kein Berg sein, ein Hügel tut es auch – oder wahlweise ein Fernseh- oder sonst ein Turm. Steig hinauf und summe ihr ein Lied.

Es wird absolut phantastisch sein, das zu tun,
was mir Spaß macht.
Ich weiß, daß alles kommt, was ich brauche,
um jedwede Situation erfolgreich zu meistern.
Ich bin felsenfest davon überzeugt!

Wenn du mit alten Gewohnheiten und Denkmustern brichst, kann es durchaus vorkommen, daß du es plötzlich mit der Angst zu tun bekommst. Dieses flaue Gefühl in der Magengegend dauert so lange an, bis du dir die neue Denkweise, die neue Einstellung zur Gewohnheit gemacht hast.

Mag sein, daß dich in dieser Phase Alpträume heimsuchen, in denen du ins Bodenlose fällst, oder eine gewaltige Flutwelle über dich hinwegschwappt.

Aber keine Sorge: Schau deiner Angst beherzt ins Auge – das macht ihr den Garaus.

Du würdest dieses Buch nicht lesen, wenn in deinem bisherigen Leben schon die Fülle regiert hätte. Also ist es höchste Zeit für einen Richtungswechsel. Du kannst dein Leben ändern, heute schon.

Wie?

Einfach mutig mit dem Programm fortfahren!

Angst versperrt dir den Blick für deine Rolle als Traumweberin. Sobald ein negativer Gedanke kommt, ersetze ihn kühn durch einen positiven. Laß dich von solchen Kleinigkeiten nicht davon abhalten, den Teppich deines Lebens in Fülle neu zu weben.

Manifestationsmeditation

Es gibt ja nun mindestens eine Million Möglichkeiten, wie du meditieren kannst. Für mich persönlich gehören komplizierte Extremitätenverflechtungen unter unablässigem Murmeln eines Mantras nicht dazu. Ein paar ruhige Minuten und eine Kerze (wahlweise ein Spaziergang allein durch die Natur), schon hüpfe ich auf meine Meta-Ebene. Bei dir mag das anders sein.

Was immer für dich funktioniert, tue es regelmäßig.

Bei unserer Wohlstands-Manifestationsmeditation solltest du dich nicht auf Geld oder einen Lottogewinn oder eine Gehaltserhöhung konzentrieren. Stell dir lieber vor, wie herrlich es sein wird, als selbständige Tischlerin zu arbeiten, wie glücklich du sein wirst, wenn du die ausgedehnte Bergwanderung machen kannst, von der du schon immer geträumt hast, wieviel Freude du empfinden wirst. Punkt.

Überlasse es den Schicksalsgöttinnen, wie genau sie dich zu dieser Freude führen werden. Vielleicht bekommst du gar keinen Pfennig aus dem Erbe deiner verstorbenen Großtante Wilhelmine, mit dem du deine Reise in die Anden finanzieren wolltest, sondern erhältst überraschend die Möglichkeit, dich als Verpflegungsfrau der Forschungsexpedition eines Uni-Teams anzuschließen. Wie du in die Berge kommst, ist deiner Freude egal.

Suche in der Meditation nur Gewißheit, Gelassenheit. Der Lohn sind Zuversicht, mehr Energie und fast unglaubliche Synchronismen in deinem Leben, die dich deinem Ziel näherbringen. Eins wird zum anderen kommen, und dich wird das Gefühl beschleichen, als kümmerten sich die Schicksalsgöttinnen speziell nur um dich.

DONNERSTAG

Ob Sie nun glauben, Sie können es, oder meinen,
Sie können es nicht – Sie haben recht.
Henry Ford

Der Donnerstag gehört dem Donnergott (der germanische Wettergott hieß *Donar*), der die Welt mit seinem Orkanatem und seinem Blitzstab regiert. Was sagt uns das?

Wir werden diesen Tag mit einigen kräftigen Paukenschlägen beginnen!

– oOo –

Neue Wege wagen

Unsere Gesellschaft glaubt, man müsse möglichst viel ranschaffen, das Gehortete um jeden Preis beschützen, alles hoch versichern und ja nichts wieder hergeben.

Ganz falsch.

In einem grenzenlosen zyklischen Universum steht dir alles, was du brauchst, zur Verfügung – auch ohne daß du verbissen darum kämpfst. Was nicht zu dir gehört, kannst du auch nicht halten, egal wie sehr du dich abstrampelst.

Versichere dich nicht gegen alle nur möglichen Eventualitäten – steck dein Geld lieber in reine Lust. Aus der reinen Lust erwächst dir dann die Kraft, all das zu rufen, was du brauchst.

Und ein Neuanfang ist jederzeit möglich. Gib es zu: Tief im Innern weißt du, daß es nicht darauf ankommt, was du im Leben erreichst, sondern nur daran, ob du dir jederzeit die Chance erlaubst, das Leben mit all seinen Möglichkeiten auszuschöpfen.

Genieße das Leben, dann kannst du es auch von der schöpferischen Seite sehen und nicht nur als Mittel zum Zweck für eine fremdbestimmte Zukunft, die noch dazu immer unsicher ist. Lebe so, als wäre die Zukunft schon jetzt. Denn die Zukunft ist heute.

– oOo –

Nur keine Angst zeigen
Wenn du Angst hast, geldlos dazustehen (sag bloß nie „mittellos", denn du bist nie ohne Mittel!), dann sind im Grunde Zweifel die Wurzel dieses Problems. Du zweifelst an deiner eigenen Kraft und an dem Prinzip der Fülle.

Ein ganz dummes Dilemma, das sich zu einem Teufelskreis ausweiten kann: Wenn du zweifelst, wenn du nach dem „Wie" fragst und darauf keine logische Antwort zu bekommen glaubst, blockierst du deine Affirmationen, läßt deine Visionen schrumpfen und schränkst deine Wirkungsmöglichkeiten ein. Dadurch stehst du dir nur selbst im Weg, zeitigst nichts als magere Ergebnisse und zweifelst noch mehr. Böse Falle.

Aber es gibt einen Ausweg: Humor! Nimm deine Angst nicht bierernst, geh spielerisch mit ihr um, dann verschwindet sie. Angst ist nämlich etwas absolut Humorloses.

Und bloß weil dein Wachbewußtsein möglicherweise phantasielos ist, muß das noch lange nicht heißen, daß auch dein Unterbewußtsein nicht kreativ ist. Taste dich doch durch ein Horrorszenario an deine Imagination heran. Ich wette, das gelingt dir (darin werden wir nämlich von unserer Mediengesellschaft bestens geschult).

Stell dir die größte Katastrophe vor, den finanziellen Super-GAU: Du hast keine müde Mark mehr, schläfst auf dem Grünstreifen vor deiner Kirchengemeinde, deine Haare sind verfilzt, dein Deo hat versagt, deine billigen Fummel passen farblich nicht zusammen, und du riechst aus dem Mund (höchstwahrscheinlich nach Fusel). Deine Familie sagt sich von dir los, deine Bekannten schneiden dich, und dein Hund geht freiwillig mit einer Fremden mit.

(Na? Geht doch wunderbar mit der Imagination, oder? Grins...)

Dank der Self-fulfilling prophecy (dem Gesetz, nach dem alles, was du dir mit viel Emotion vor deinem inneren Auge vorstellst, auch prompt in Erfüllung geht), wird dieses Schreckensszenario um so schneller zur Realität, je öfter du daran denkst.

Na toll, wozu dann diese Übung?

Darum: Mit derselben Menge Energie kannst du dir Lustvolles vorstellen, machbare Auswege aus dem Schrecken.

Um nicht gleich von Null auf Hundert zu gehen, fang mit etwas Einfachem an: Du bist zwar völlig pleite, findest aber einen Job als Klo-Frau in der Bahnhofstoilette. Oder du beantragst Sozialhilfe. Oder du ziehst vorübergehend zu einer Freundin, einem Freund oder meinetwegen auch zu deinen Eltern.

Es geht immer irgendwie weiter – Verzweiflung ist absolut fehl am Platz.

Und wenn dein Problem darin liegt, daß du dir ohne die nächste Gehaltserhöhung das Porsche Cabrio nicht leisten kannst, dann sage ich nur soviel: Es ist nicht so, daß ich deinen Schmerz herabsetzen will, aber heul mir bloß nicht die Ohren voll. Visualisiere eben noch eine Gehaltsrunde länger.

> *Wenn du gar nichts riskieren willst,*
> *dann riskierst du in Wirklichkeit alles.*
> Erica Jong

DIE ÄKTSCHN DES TAGES

Das Meer aus Licht
Wenn es dir an Urvertrauen (in die Fülle, in das Universum, in alles Gute) mangelt, dann ist eine abendliche Feuer-Kur genau das Richtige für dich.

Stell Kerzen in deinem Schlafzimmer auf: nicht eine, nicht zwei, sondern ein ganzes Meer! Wenn du keine umfall-sicheren Kerzenständer in Hülle und Fülle besitzt, dann kauf dir eine Riesenvorratspackung Teelichter und stell sie überall dort auf, wo nichts Feuer fangen kann. (Vorsicht ist die Mutter des Überlebens!)

Dann hülle dich mit einer schönen Tasse Kakao in dein Bett und tauche wohlig ein in diesen Ozean aus Licht. Es macht nichts, wenn du darüber einschläfst. Du wirst Träume der Geborgenheit haben.

Vom Tao des Geldes
Wenn du nicht loslassen kannst, kommt auch nichts nach. Ebenso wie Wasser, das wochen-, monate- oder gar jah-

relang aufbewahrt wird, umkippt und brackig wird, fängt Geld an zu stinken, wenn du es hortest wie Dagobert Duck.

Eine Quelle, die immer wieder genutzt wird, fließt ständig nach, wird sie jedoch nicht mehr gebraucht, versumpft sie. Was in Fluß kommt, fließt zwar von dir weg, aber auch zu dir hin.

Ich will hier keine Lanze für die Konsumsucht brechen, weit gefehlt, aber ich möchte mal von jenen Menschen sprechen, die sich alles aufsparen: bis sie verheiratet sind, bis die Kinder aus dem Gröbsten raus sind, bis zur Rente... Pech, wenn man dann vorher vom Bus überfahren wird.

Du kannst dein Leben nicht aufsparen. Du lebst jetzt! Gönne dir das Wellnesswochenende, iß auch ohne Gäste von deinem guten Porzellan, leiste dir statt drei Billigpullis aus Plastik lieber einen einzigen Pulli aus Kashmirwolle. Für die „Zukunft" vorzusorgen, ist eine Sache, für die „Zukunft" zu leben, eine andere, nämlich Bockmist.

DAS RITUAL DES TAGES

Beschwörungsformeln für die Fülle
Mit unsichtbaren Nabelschnüren bleiben unsere gesprochenen Worte mit uns verbunden. Sprich deshalb jetzt laut aus, womit du verbunden sein möchtest. Wähle deine Worte weise, denn was Ausdruck gefunden hat, zeigt sich.

In der Wiederholung und Beschwörung liegt eine große Magie – die Magie des schöpferischen Gestaltens.

Während du sprichst, tauchen Bilder in deinem Kopf auf. Wenn du deine Worte wiederholst, bringst du die Bilder in Erscheinung, verleihst ihnen Gestalt. Was du aussprichst, erhält einen Platz in der Welt. Es nimmt sich Raum und wächst.

Und wenn du schon sprichst, dann mit Autorität. (Ein negativ belegtes Wort, aber wir tun diesem Wort damit Unrecht: Es basiert auf einem Begriff, der „erschaffen" bedeutet und dem wir auch das Wort „Autorin" verdanken.)

Wie gesagt, sprich mit Autorität. Stell dir vor, wie die Große Göttin bei der Erschaffung der Welt voller Kraft rief: „Mach mal eine das Licht an!" (Fälscherlicherweise später mit dem saftlosen *Fiat Lux* oder *Es werde Licht!* kolportiert.)

Weder Gebete noch Zaubersprüche können ihre volle Wirkung entfalten, wenn du sie schüchtern vor dich hinflüsterst. Sprich mit der Kraft der Göttin!

Und mach nach jeder Beschwörung, nach jedem Zauber drei tiefe Atemzüge – als Zeichen, daß es vollbracht ist.

WIR RUFEN DIE GÖTTIN

Es wird bunt und exotisch: Heute ehren wir **Aida-Wedo**, die Regenbogenschlangengeisterfrau.

Voodoo-AnhängerInnen auf Haiti denken sie sich als Schlange mit juwelen-besetztem Kopfschmuck. Ihr Schatz ist trügerisch, aber wenn du ihn zu greifen vermagst, wirst du reich.

Wie wäre es denn mit einem kleinen Voodoo[*]-Zauber? Dazu kaufst du dir eine Stoffpuppe (oder bastelst dir selbst ein Püppchen). Die Puppe soll dich repräsentieren, also gestalte sie nach deinem Vorbild oder binde ihr eine Haarlocke von dir um den Hals. Piekse anschließend bunte Stecknadeln in die für Erfolg und Reichtum zuständigen Stellen: Geldsegen => rechtes Handgelenk, Erfolg => linker Ellbogen, Gehaltserhöhung => rechte Hüfte.

Lege die Puppe auf deinen Hausaltar und warte ab.

– oOo –

Ihre AnhängerInnen verehren **Mami Wata**, die Mutter alles Fließenden. Sie liebt es, wenn wir lustig sind und uns des Lebens freuen.

Willst du sie um einen Gefallen bitten, dann singe und tanze und trommle für sie, bedanke dich für alles, was dir schon zuteil geworden ist, und bring ihr Geschenke. Iß und trink und laß die Göttin an deiner Freude teilhaben, dann wird sie deine Freuden mehren.

---

[*]   Die Voodoo-Religion gehört dank blutrünstiger Hollywoodhorrorstreifen zu den mißverstandensten spirituellen Philosophien überhaupt. Voodoo (in der westafrikanischen Fon-Sprache soviel wie „Geist") ist eine Fetisch-Religion in animistischer Tradition. Fetische gelten als Verknüpfungspunkte, als Anlaufstellen für alle höheren Energien. Je bewußter du einen Fetisch herstellst, um so wirksamer wird er, um so leichter läßt er sich „beleben". (Das mit den Zombies beschwören üben wir dann im nächsten Buch...)

Die beste Art, sich auf morgen vorzubereiten ist, wenn man das Beste aus dem heutigen Tag macht.

FREITAG

Der Weg ist das Ziel

Göttin Freya hat uns ihren Namen für den Freitag überlassen. Ihr Name bedeutet eigentlich „mächtige Frau", und wenn wir sie an ihrem Tag, dem Freitag, anrufen, wird sie uns kaum einen Wunsch verwehren.

Freya ist die Beschützerin aller freien Frauen. Geh kreativ mit deiner Freitagsenergie um!

– oOo –

Fülle – ein Spiel
Eigentlich ist es ein Spiel, dahin zu kommen, wo man hinmöchte. Was immer du brauchst, es gehört dir bereits, es steht dir zur Verfügung – du mußt es nur beanspruchen. Es gehört dir, weil du sagst, daß es dir gehört. Lerne einfach, dich spirituell dort anzusiedeln, wo die Fülle ist. Du rufst sie.

Heiterkeit ist die magische Wandlungsenergie. Steck deine Energie nicht in Jammerorgien und Sorgenfalten, sondern in freche, unverschämte, lustvolle, kreative Aktionen, die dich deinen Zielen näherbringen.

Das Leben ist ein großartiges Abenteuer, ein wundervolles und herrliches Ereignis.

Lebe!

DIE ÄKTSCHN DES TAGES

Zeige dich von deiner „teuersten" Seite
Blick zu den Sternen auf: Trage deine besten Kleider, mach dich so gut zurecht, wie du kannst. Lebe so reich wie möglich mit dem, was du bereits hast.

Heb das gute Porzellan nicht bis zum St. Nimmerleinstag auf, sondern gönne es dir selbst – auch ohne Gäste.

Die Tasse mit dem Sprung, aus der du bisher jeden Morgen deinen Kaffee getrunken hast, kommt sofort in den Müll. Keine Widerrede!

Fahr bei allem, was du tust, „erster Klasse". Etwas anderes kannst du dir gar nicht leisten.

Wenn du an dir selbst knappst, bringst du damit nur zum Ausdruck, daß du nicht glaubst, daß Fülle existiert und daß du es wert bist, in der Fülle zu leben.

Zieh dir nach einem anstrengenden Arbeitstag nicht das Fertiggericht aus der Mikrowelle im Fernsehsessel rein, sondern deck den Tisch, lege schöne „Tafel"-Musik auf (muß keineswegs klassisch sein, andererseits, warum nicht?), und gönn dir lieber wenige, aber naturreine und jahreszeitgemäße Köstlichkeiten.

Lauf weder zu Hause noch sonstwo in verschlissenen Leggings mit ausgeleiertem T-Shirt herum, auch wenn dich kein Mensch sieht und es deiner Katze egal ist. Bequeme Freizeitkleidung darf durchaus schick und vor allem gepflegt sein – das verstößt gegen kein physikalisches Gesetz.

Du bist das Ebenbild der Göttin und hast die Kraft, deine Welt so zu gestalten, wie du sie dir wünschst. Du brauchst keinen Kompromiß zu schließen und dich nicht mit weniger als dem Besten zu bescheiden.

Die Gewißheit, daß dir die Fülle des Universums zur Verfügung steht, hilft dir, innerlich bereit zu werden, immer mehr Segnungen des Lebens anzunehmen.

Jeden Tag beginne ich fröhlich und unbeschwert.
Ich tue alles mit Freude und voller Achtsamkeit.
Meine Gedanken richten sich stets nur auf das Gute im Jetzt. Bei jeder Verrichtung bin ich voll konzentriert.
Ich bin gesund und erfolgreich und auf dem Weg zu einem immer vollkommeneren Leben der Fülle.

– oOo –

Das Gesetz der Anziehung
Dein Denken zieht stets die Umstände an, die ihm entsprechen: Geld zieht Geld an, Liebe zieht Liebe an, Freude zieht Freude an.

Deine Gedanken vervielfältigen sich.

Worüber du intensiv nachdenkst, davon erhältst du immer mehr. Es gehört zu den Prinzipien des Universums, daß deine Gedanken stets verstärkt werden.

Geld gleicht insofern der Liebe, als du davon soviel haben kannst, wie du annehmen willst. Du wirst nur soviel besitzen, wie dir angenehm ist.

Marlo Morgan schreibt in ihrem Buch *Traumfänger*, daß der Stamm der „wahren Menschen" – Aborigines, die noch eingeborener sind als die übrigen Eingeborenen Australiens – glaubt, es herrsche überall in der Welt Überfluß. „Ich lernte, daß das Auftauchen von Nahrung nicht als selbstverständlich betrachtet wurde. Man bat erst darum, aber man ging davon aus, daß sich auch etwas ergeben würde – und das geschah immer."

Sehr richtig, was du brauchst, kommt immer zu dir – aber laß es auch los, sobald du es nicht mehr benötigst.

DAS RITUAL DES TAGES

Die Quellen der Kraft

Unsere AhnInnen glaubten, daß bestimmte Orte – Kreuzwege, Quellen, Pilzringe, krumm gewachsene Bäume... eigentlich alles – beseelt sind. Sie sahen in ihnen Tore zu einer anderen Welt, zu transzendenten Erfahrungen und spirituellen Erkenntnissen. Diesen heiligen Kraftorten näherten sie sich nur nach ritueller Reinigung und grundsätzlich immer mit einer gehörigen Portion Respekt.

Wir „Zivilisierte" haben Fitneßstudios, Szenekneipen, Wellnesszentren, Gourmettempel, Powerinstitute und angesagte Gurus, zu denen wir pilgern. Den Kraftort um die Ecke kennen die wenigsten.

Dabei zieht dich dein Kraftort magisch an.

Folge deinem Instinkt.

Bei mir ist es ein entzückender alter Friedhof aus dem neunzehnten Jahrhundert.

Unter den alten Bäumen tanke ich Kraft. Die Sonne, die durch das Laubdach fällt, zaubert mir unweigerlich ein Lächeln ins Gesicht. Dort fühle ich mich wohl. (Und das hat nichts mit einer morbiden Vorliebe für Grabstätten zu tun... öhm, denke ich jedenfalls...)

Für dich kann der Kraftort irgendwo an der Strecke liegen, die du täglich mit deinem Hund abwanderst. Oder es ist eine Stätte deiner Kindheit. Die Möglichkeiten sind Legion. Dort, wo du ein – vielleicht unerklärliches – Wohlgefühl verspürst, allein schon, wenn du dich dort aufhältst, dort ist dein ureigenster Ort der Kraft.

Besuche ihn so oft als möglich.[*]

– oOo –

WIR RUFEN DIE GÖTTIN

Heute wird's gefährlich. Wir rufen eine an, die so gar nicht dem Bild der grazilen, harmoniespendenden, mildwohltätigen Göttin entspricht.

Baba Jaga spukt im russischen Volkssagenschatz als furcheinflößende, unansehnliche Hexe herum. Menschenschädel schmücken ihren Gartenzaun.

Sie gibt, aber niemals einfach so und für umsonst. Wenn du ihr eine Wunscherfüllung abringen willst, mußt du erst eine Aufgabe erfüllen. Wenn du ihr jedoch beherzt entgegentrittst, dann schenkt sie dir das große Glück.

Aber Achtung: Wenn sie dir etwas grandios Wertvolles zufallen und du dich blenden läßt, stehst du am Ende mit

[*] Und wenn du dort bist, dann verspritze ein paar Tropfen Hochprozentiges wie Rum oder Himbeerlikör. Aus irgendeinem Grund mögen die Göttinen diese Opfergabe sehr. Lausche – kannst du sie kichern hören?

leeren Händen da. Das Einfache, Schlichte, scheinbar Wertlose jedoch, das sie dir vermeintlich „andrehen" will, wird sich als größter Glücksgriff deines Lebens entpuppen.

Hol also tief Luft und lerne, selbst unter widrigsten Umständen ein fröhliches Lied zu pfeifen – das imponiert ihr.

– oOo –

Übelste Verunglimpfungen durch patriarchale Geschichtsschreiber mußte auch die griechische **Nemesis** hinnehmen.

Sie gilt neuerdings als strafende Schicksalsgöttin, dabei war sie in alter Zeit die Austeilende, die Göttin, die dein Schicksal prüft und dir das Deine gibt, das, was dir zusteht.

Wenn du dein Leben in die eigene Hand nimmst, schenkt sie dir Triumphe, Reichtümer und gute Gesundheit.

Ich verfüge über grenzenlose Fülle!

SAMSTAG

Warte nicht, bis dein Schiff einläuft,
schwimme ihm entgegen!

Die englischsprachigen Hexen sind natürlich der Ansicht, der Samstag wäre nach Saturn benannt, weil es bei ihnen *Saturday* heißt. Bei uns stammt der Samstag vom mittelhochdeutschen *sameztac* (althochdeutsch *sambaton*) ab und läßt eher auf eine Verballhornung des hebräischen Sabbat schließen.

Ist aber auch egal, woher dieser Tag seinen Namen hat, nütze deine Samstagsenergie für die letzten Feinarbeiten an deiner neuen, reichen Persönlichkeit.

– oOo –

Keine Ausreden mehr
Du kannst alles besiegen, was deinen Träumen scheinbar von Anfang an im Wege steht – nicht von außen nach innen, sondern von innen nach außen. Die Dinge geschehen zuerst im Bewußtsein, bevor sie in der äußeren Realität Gestalt annehmen können!

Demosthenes stotterte und wurde doch einer der größten Redner der Antike, Dostojewski und Julius Cäsar waren Epileptiker, Thomas Edison und Beethoven waren taub. (Und das waren nur Männer...)

Mae West stieg im reifen Alter von vierzig Jahren und mitten in der Weltwirtschaftskrise in Hollywood aus dem Zug und gehörte innerhalb weniger Jahre zu den gefeiertsten und höchstbezahlten Stars der Leinwand.

Liv Ullmann, die zweimal als beste Schauspielerin für

den Oscar nominiert wurde, fiel durch die Aufnahme-
prüfung an der Staatlichen Schauspielschule in Oslo. Die
Jury meinte, sie habe kein Talent...

Agatha Christie schaffte es trotz herber „Schicksals-
Schläge" durch ihren ersten Mann, die meistgelesene
Krimiautorin der Welt zu werden und gleichzeitig ihrem
zweiten, weitaus jüngeren Ehemann Max Mallowan zu
einer Karriere als Archäologiekoryphäe zu verhelfen.

Wenn die das konnten, kannst du das auch!

– oOo –

Willensstärke wird überschätzt
Versuch jetzt aber bloß nicht, mit purer Willenskraft tita-
nicgleich das Meer des Lebens zu durchpflügen. Dann
steuerst du nämlich unausweichlich auf einen Eisberg zu.

Der Glaube an die reine Willenskraft führt nur zu Ent-
täuschungen, ganz besonders bei langfristigen Verände-
rungen.[*]

Wisse einfach, daß es möglich ist. Diese innere Über-
zeugung wird dir die Gelassenheit geben, mit der alles
möglich ist.

– oOo –

---

[*] Tipp: Setz dir machbare, realistische Ziele. Brich den Weg dorthin in kleine Schritte auf, die du bewältigen kannst. Kon-
zentriere dich ausschließlich auf die Dinge, über die du die
Kontrolle hast. Und belohne dich für jede Zielerreichung.

Geld ist neutral

Geld an sich ist neutral, du allein gibst ihm seine Bedeutung. Ob es stinkt oder nicht, liegt allein an deiner Nase.

Geld ist nichts weiter als eine Wandlungssubstanz. Sie verwandelt deine materiellen Wünsche in Realität. Du wünschst dir einen Laptop, und ein gewisser Geldbetrag verwandelt diesen Wunsch in feste Materie. Das hat viel mit etwas für sich fordern und gleichzeitig mit aufgeben zu tun.

Wenn du mit Geld ein Problem hast, dann versuch es doch mal mit Tauschen.

Jede/r hat etwas zu bieten, und in fast jeder Großstadt gibt es bereits organisierte Tauschringe. Kannst du gut fotografieren? Oder bist du ein Buchhaltungsgenie? Besitzt du etwas, das andere gern einmal ausleihen würden? Vielleicht bist du aber auch eine gute Schneiderin, Köchin oder Schreinerin?

Als ich einer befreundeten Unternehmensberaterin einmal erzählte, daß ich die Werbebroschüre eines kleinen Musikverlages im Tausch gegen drei CDs meiner Wahl übersetzt hatte, fiel sie schier in Ohnmacht. Sie tat so, als wäre ich auf einen Schlag zur Höhlenbewohnerin mutiert, die sich blöde grinsend über den Tisch ziehen läßt. Der „offizielle" Gegenwert der Übersetzung betrug seinerzeit etwa einhundert Mark – die drei CDs hätten mich im Laden in etwa dasselbe gekostet, aber sie hielten lange über die schwindende Kaufkraft hinaus. Noch heute höre ich sie regelmäßig, und jedesmal freue ich mich über diesen gelungenen Tauschhandel.

Wer ist hier also die (hohle) Höhlenbewohnerin?

Ja aber...

Sei besonders nett zu dir, wenn dir irgend etwas mißlungen ist. Allein der Versuch, den du unternommen hast, ist schon ein (Eigen-)Lob wert.

Probleme sind durchaus Geschenke. Wir machen sie uns selbst, um daran zu wachsen und Erkenntnisse zu erlangen. Klingt perfide, gell? Ist aber was Wunderbares.[*]

Was immer du auch verbockt hast, gib negativen Gedanken keinen Raum. Lern aus dieser Situation und streiche sie dann aus deinem Gedächtnis.

Vielleicht mußt du eine Kurskorrektur vornehmen oder fürs erste kleinere Ziele in Angriff nehmen.

Sobald du merkst, daß du jeden Tag etwas Positives erreichst, wirst du auf Erfolgskurs gehen und in eine Richtung gelenkt, in der erfolgreich zu sein ein fester Bestandteil deines Lebens wird.

Was dich mit wahrer Freude erfüllen kann, ist nicht der Gedanke, daß der heutige Tag frei von Problemen, Schwierigkeiten oder Sorgen ist, sondern eher die Gewißheit, daß du alles vermagst, denn du bist das Ebenbild der Göttin mit den zehntausend Namen. Das Leben gibt dir die Kraft, es zu meistern.

Jeder Schritt zurück ist nur ein Anlauf für den Sprung nach vorn!

---

[*] Meine Tumorerkrankung im zarten Alter von neunzehn Jahren war zum Beispiel das Beste, was mir damals passieren konnte, auch wenn ich das erst Jahre später so zu sehen vermochte. Ein bewußtes, dankbares Leben zu führen ist allemal ein paar Tumore wert.

DIE ÄKTSCHN DES TAGES

Alles Unnütze blockiert den Energiefluß
Äußere Unordnung produziert innere Unordnung – und das wirkt sich nicht nur auf uns aus, sondern auch auf den Energiefluß in unserer Wohnung oder unserem Büro.

Wenn ganze Stapel an Papieren auf deinem Schreibtisch herumliegen oder sich in deiner Küche das schmutzige Geschirr und in deinem Schlafzimmer die dreckige Wäsche stapeln, dann beeinträchtigt das deine Energie automatisch, weil du im Hinterkopf immer weißt, daß es etwas gibt, um das du dich kümmern müßtest, daß es Briefe gibt, die du beantworten solltest, daß aller mögliche Kram endlich mal beseitigt werden müßte.

Deine innere Energie kann aufgrund dieser äußeren Energie nicht frei fließen, und wenn sie in dir, in deiner Wohnung, an deinem Arbeitsplatz nicht mühelos zirkulieren kann, dann stagniert sie und wird träge – alte Feng Shui-Weisheit.

Also schwing dich regelmäßig auf, und erweise Hestia, der Göttin des Putzens, Aufräumens und Entschlackens deine Ehre.[*]

Wirf alles weg beziehungsweise verschenke oder verkaufe alles, was du nicht unbedingt brauchst. Indiz: Wenn es seit einem Jahr herumliegt und Staub ansetzt, dann brauchst du es nicht wirklich; leih es dir aus oder kaufe

---

[*] TIPP: Nimm dir nicht gleich die ganze Wohnung oder ein ganzes Zimmer vor, das entmutigt dich nur in Nullkommanichts. Viel besser ist es, jeden Tag einen Schrank oder einen Stapel Papiere oder ein Regalfach anzugehen. So erhältst du schon mit wenig Anstrengung viel Befriedigung.

es erneut, wenn dich der große Drang danach in drei Jahren wieder überkommen sollte.

Ich bin weiß Göttin keine *Meister Proper*-Fanatikerin, und wer schon mal in meinem Badezimmer war, wird sich fragen, ob ich überhaupt weiß, wer oder was *Meister Proper* ist. Aber selbst ich habe gelernt, wie kräftespendend es ist, jeden Tag ein paar Minuten, und seien es nur zehn, fürs Putzen festzulegen.

Es ist wie ein Göttinnendienst für Hestia – ich lasse mich ganz darauf ein und putze mit guter Laune und Musik. Die Gewaltputzorgien vor anstehenden Besuchen entfallen somit, und ich fühle mich in meiner Wohnung seitdem viel befreiter.

Wenn du dich je gefragt hast, warum manche Menschen soviel in ihrem Leben auf die Beine stellen können – vielleicht schlafen sie nie oder möglicherweise haben deren Tage mehr als vierundzwanzig Stunden? –, dann verrate ich dir heute das Geheimnis: Was immer dir vor die Finger kommt, erledige es gleich. Das gilt für die auszufüllende Strom- und Gasablesekarte der Energiewerke ebenso wie für den nachgeburtstäglichen Dankesbrief an Tante Hannelore oder die Bewertungsbögen für deine MitarbeiterInnen.

Tu es gleich, dann ist es vom Tisch ist ein begnadet guter Ratschlag.

Wenn du alles, was getan werden muß, soweit es momentan möglich ist, sofort erledigst, verschaffst du dir nicht nur jede Menge Erfolgserlebnisse, die dich neu motivieren, du schaffst auch innerlich und äußerlich Raum für neue lohnende Aufgaben.

Der lange Atem

In dem Film *Singing in the Rain* sucht der Tänzer Gene Kelly einen Agenten. Er tanzt einem nach dem anderen vor, und wann immer der Betreffende null Interesse zeigt, zuckt Gene mit den Schultern und macht sich auf zum Nächsten. Wenn der eine Weg nicht zum Ziel führt, dann eben der nächste oder der übernächste.

Es gibt keine Mißerfolge – du lernst immer nur, was nicht funktioniert, und kommst so deinem Ziel unablässig näher.

Wie war das doch gleich mit der Glühbirne? 26000 (in Worten: sechsundzwanzigtausend!) Versuche mußte der gute alte Thomas Edison hinter sich bringen, bevor ihm 1879 endlich ein elektrisches Licht aufging. Mal ehrlich, wann hättest du das Handtuch geworfen?

DAS RITUAL DES TAGES

Besenkehren

Einen Hexenkessel hast du ja schon; jetzt ist der Hexenbesen an der Reihe. (Ein Reisigbesen wäre natürlich die erste Wahl, aber ein ganz normaler popeliger Haushaltsbesen tut es auch.)

Heute fliegen wir auf dem Besen nicht durch die Lüfte, heute kehren wir aus.

Staub, Schmutz, alles Unerwünschte und im übertragenen Sinne auch unsere Vergangenheit fegen wir zur Tür hinaus. Nötig ist es, weil wir gerade zu Hause gern in den alten Trott fallen und sich dann irgendwann der Gedanke einschleicht: „Was soll das alles, es ändert sich ja doch nichts!"

Kehr diesen Gedanken mit Schmackes hinaus. Am besten bei abnehmendem Mond, aber es geht auch sonst. Diese symbolische Austreibung aller negativen Gefühle beginnst du in der hintersten Ecke deiner Wohnung (oder im obersten Zimmer deines Hauses). Kehr rückwärts durch jede Tür und schlußendlich rückwärts zur Haus- beziehungsweise Wohnungstür hinaus. Schüttele dann den Besen dreimal aus und sprich mit Genugtuung die magischen Worte: „Hinfort! Hinfort! Hinfort!"

– oOo –

WIR RUFEN DIE GÖTTIN

Auf geht's nach Finnland: Heute feiern wir **Azer-Ava**.

Sie ist eine der finnischen Naturgöttinnen, ihr Name bedeutet „Herrin". Sie kann die Gestalt jedes beliebigen Baums oder Strauchs annehmen, und am besten machst du ihr eine Freude, indem du um besagtes Grünzeug tanzst oder aber – falls du in einer Großstadt lebst, wo man dich bei einem solchen Ritual im Stadtpark schnur- stracks in eine Zwangsjacke stecken würde – indem du ihr eine Münze oder etwas zu essen opferst.

Sie schenkt dir daraufhin nicht nur Glück und Reich- tum, sondern schützt dich auch vor Unfällen.

Ich habe diese Situation angezogen, weil sie mir eine
gute Lehrerin sein wird.
Nötig ist sie, denn sonst wäre sie nicht da.
Nichts geschieht einfach zufällig.

SONNTAG

Wunder geschehen nicht im Widerspruch zur Natur,
sondern nur im Widerspruch zu dem,
was uns über die Natur bekannt ist.
Augustinus

Wir haben es geschafft: Heute ist Sonntag, der Tag der Sonne, der Tag des Goldes. Die Sonntagsenergie ist voll von Macht, Vitalität, Kreativität, Erfolg und Leben.

Gratuliere: Eine Woche lang bist du eingetaucht in das Mysterium der Fülle. Heute nun durchtrennst du den letzten Schleier. Es ist an der Zeit, die Früchte dessen zu ernten, was du gesät hast.

– oOo –

Ich werde jeden neuen Tag als ein Geschenk nehmen
und ihn so bewußt, so schön, so aufregend
und so befriedigend gestalten, wie nur möglich.

– oOo –

RITUAL DES TAGES

Zähle deine Segnungen

Wenn du wissen willst, wie reich du wirklich bist, dann zähle nicht nur dein Geld auf der Bank oder unter der Matratze – zähle alles Gute in deinem Leben: dein Zuhause, deine FreundInnen, deine Gesundheit.

Wohlstand ist ein Geisteszustand. Du bist reich, wenn du reich denkst. Sei dankbar für alles, was du bist und was du hast!

Erstelle jede Woche eine solche *Zähle-deine-Segnungen*-Liste. Halte deine Erfolge fest und laß sie nicht ungefeiert vorüberstreichen.

Und wenn andere sich dir gegenüber besonders hilfsbereit oder rücksichtsvoll verhalten haben, dann bedanke dich bei ihnen.

– oOo –

Ich lebe in verschwenderischer Fülle!

– oOo –

Fülle ist lustvoll

Die Fülle mag keine finsteren, ungastlichen DenkerInnen.

Sie kommt nicht dorthin, wo eine voller Zweifel steckt, denn dort gibt es normalerweise nur zweifelhafte Resultate.

Verschwende deine wertvolle Energie nicht länger durch Sorgen oder eine negative Haltung. Verrichte deine tägliche Arbeit in dem sicheren Bewußtsein, daß alles für dich arbeitet, dann wirst du mit Sicherheit richtig kreativ.

Und aus dieser neuen Kreativität wirst du phantastische, aufregend neue Dinge in deinem Leben geschehen lassen.

– oOo –

DIE ÄKTSCHN DES TAGES

Hm, gibt es für die *To-do*-Liste eigentlich einen deutschen Ausdruck? Egal. Da du heute schon zu Papier und Bleistift gegriffen hast, kannst du auch gleich weiterschreiben: Erstelle eine Liste mit all dem, was du aufgrund deiner Erkenntnisse der letzten sieben Tage in Angriff nehmen willst.

Das Universum ist voller Chancen, aber du mußt diesen Chancen auch einen ordentlichen Nährboden liefern.

Du kannst keine Million in einer Fernsehshow gewinnen, wenn du dich nicht als Kandidatin meldest. Du kannst, bei allem, was recht ist, nicht erwarten, eine Gehaltserhöhung zu bekommen, wenn du nur Dienst nach Vorschrift machst – und das auch noch lustlos.

Du magst zwar erwarten, daß dir die gebratenen Tauben in den Mund fliegen, aber geschehen wird das nicht. Das hier ist nicht das Schlaraffenland, es ist das Leben. Durchaus eine faszinierende Reise, aber eben eine Reise, kein Vollpensionsaufenthalt im Glücksbärchiland. Du mußt schon etwas für dein Glück tun.

Zurück zur To-do-Liste. Schreib alles auf, was dir in den Sinn kommt: Anrufe bei Informationsquellen, Anmeldung für den Volkshochschul-Fortbildungskurs, alle Ausgaben des kommenden Monats notieren und einen Finanzplan erstellen, unnötige Kreditkarten kündigen, mit dem Konto ins Plus kommen und so weiter.

Du willst endlich deinen Traumberuf ergreifen? Mußt du dafür noch Kurse belegen oder mit Leuten sprechen, die schon auf diesem Gebiet tätig sind? Dich um deine Kündigungsfrist kümmern?

Dir fallen bestimmt Dutzende Dinge ein, die es zu tun gilt. Schöpf deine neu gewonnene Kraft aus, und steck deine ganze Energie in die Aufgaben, die jetzt vor dir liegen – du kannst dich dabei nicht erschöpfen, denn jeder abgehakte Punkt auf deiner Liste gibt dir neue Kraft.

Organisiere deinen Tagesablauf. Werde aktiv. Pack die Gelegenheit beim Schopf, und verändere durch kleine Schritte dein Leben!

WIR RUFEN DIE GÖTTIN

Wer an weltliche Pracht und Fülle denkt, der fällt irgendwann das alte Ägypten ein.

Die altägyptische Göttin des Jubels und der Schätze war **Meret**, die auf einem Schriftzeichen sitzend dargestellt wurde, das „Gold" bedeutet.

Willst du sie freundlich stimmen, dann spiel ein Instrument oder singe oder mach irgendeinen Lärm, der in deinen Ohren wie Musik klingt.

> *Ich setzte den Fuß in die Luft, und sie trug.*
> Hilde Domin

ENJOY YOURSELF

Und verliebe dich, so oft du kannst!

Die Große Göttin *ist* alles, durchdringt alles, belebt alles.

Sie ist die Eine, aber sie ist auch die vielen. Ihre unterschiedlichen Aspekte – Fülle, Fruchtbarkeit, Kraft, Schönheit, Tod und Leben, um nur einige zu nennen – haben von unseren AhnInnen auch unterschiedliche Namen bekommen.

Patriarchal geprägte Menschen glaubten daher später, es handele sich um verschiedene Göttinnen – quasi eine göttliche Truppe mit unterschiedlichen Showeinlagen.

Das ist Quatsch. Die zehntausend Namen der Göttin symbolisieren nur jeweils den Aspekt der Göttin, der dir im Augenblick der Not, der Angst oder der Verunsicherung Kraft gibt und mit dem du im Gegenzug im Augenblick der Freude, der Stärke und der Fröhlichkeit dein Glück teilst.

Von Aida-Wedo, Azer-Ava, Baba-Jaga, Erda, Fortuna, Haband, Lakshmi, Mami-Wata, Meret, Nemesis, Surabhi haben wir ja schon gehört, aber in ihrem Aspekt der Fülle hat die Große Göttin noch mehr Namen.

Amberella Die Völker des Baltikums erzählen von Amberella, einem goldhaarigen Mädchen, das sich in den Prinzen der Meere verliebte. Sie zog zu ihm in sein Schloß auf dem Boden des Ozeans. Die Menschen an der Ostsee sagen, wenn das Meer tobt, kommt Amberella zu Besuch. Als Beweis sind die Strände voller Bernstein, der zurückbleibt, wenn der Sturm sich gelegt hat. Als Symbol für Amberella kannst du dir Bernsteinschmuck zulegen.

Benten   Eine japanische Göttin des Glücks. Sie belohnt die, die sie verehren, mit Talent, Reichtum und Liebesglück. Sie ist die Königin des Meeres. Wenn du sie ehren willst, wirf eine Blüte in die Fluten des Ozeans (oder in den Fluß in deiner Stadt).

Copia   Sie ist die römische Göttin des Überflusses und trug als Attribut immer ein Füllhorn mit sich. Ihr kannst du am besten Ehre erweisen, indem du von deiner eigenen Fülle großzügig an andere etwas weitergibst.

Fulla   Von dieser nordischen Göttin haben wir das Wort für „Fülle". Sie verkörpert den Überfluß der fruchtbaren Erde und wacht über die Truhe, in der die Schätze der Götter und Göttinnen lagen. Sie liebt die Farbe Gold oder auch Goldgelb. Ihr zu Ehren kannst du diese Farben tragen oder deine Wohnung in diesen Farben halten.

Hada Bai   Die assamesische Göttin des Reichtums. Sie mahnt dich, trotz großen Wohlstands nicht überheblich zu werden und stets auch die einfachen Freuden zu genießen.

Kurukulla   Die tibetische Göttin der Liebe und des Reichtums oder genauer gesagt des Reichtums der Liebe. Ihr machst du die größte Freude, wenn du dich oft verliebst.

Nsomeka   Sie bringt dem Volk der Bantu Reichtum, weil sie die Muttergöttin in ihrer Dschungelwohnung aufsuchte und von ihr das Ritual erlernte, wie man Wohlstand zaubert. Nsomeka steht dir vor allem dann zur Seite, wenn du dich aufmachst, dein Glück zu suchen und dein eigenes Wohlstands-„Ritual" zu finden.

Empfohlene Lektüre

Zsuzsanna E. Budapest, *Die Göttin im Büro. Spirituelle Tips und magische Ideen für den Arbeitsplatz* (Übersetzerin: Angelica Dawson), München 1994.

Wayne W. Dyer, *Erfolg wird wahr. Leben in Fülle* (Übersetzer: Benno Schmid-Wilhelm), München 1990.

Luisa Francia: *SteinReich*, München 1993.

Bärbel Mohr, *Bestellungen beim Universum. Ein Handbuch zur Wunscherfüllung*, Düsseldorf 1998.

Reni L. Witt und Denis Waitley, *The Joy of Working*, New York 1986.

Recherchelektüre

Veronika Bennholdt-Thomsen (Hrsg.), *Juchitán – die Stadt der Frauen. Vom Leben im Matriarchat*, Reinbek 1994.

Lutz Mackensen, *Ursprung der Wörter. Etymologisches Wörterbuch der deutschen Sprache*, München 1985.

Es sagte eine Wahrsagerin, mit düsterem Blick in ihre Kristallkugel starrend, zu ihrem Gegenüber: „Ich fürchte, ich muß Sie bitten, mir das Geld im voraus zu geben."

Hast Du bei der Lektüre dieses Buches das Kleingedruckte aus dem Geleitwort beherzigt?

a) Ja   *Sehr brav!*
b) Nein   *Noch mal von vorn anfangen!*

Hast du dich bei der Lektüre dieses Buches amüsiert? Hat dich die eine oder andere Stelle inspiriert?

Na hoffentlich – wozu habe ich mir sonst hier den Bär geschrieben...

Es sagte ein Guru zu seinem Schüler: „Den Sinn des Lebens gibt es in verschiedenen Ausführungen – einen zu 100, einen zu 500 und einen zu tausend Euro."

Du brauchst keinen teuren Guru. Im Grunde brauchst du nicht einmal dieses Buch. Menschen und Bücher können immer nur das „zum Klingen bringen", was ohnehin schon in dir ist.

Das glaubten auch die alten Schamaninnen. Du trägst alles in dir, was du für ein Leben der Fülle brauchst: nämlich schlicht und einfach das grenzenlose Vertrauen, in einem Universum der Fülle zu leben und dich einfach fallen lassen zu können.

Wie die mythische Katze mit den neun Leben landest du immer auf deinen Füßen und weitaus öfter, als man(n) es für möglich halten möchte, auf dem duftenden Rosenblütenlager deiner geheimsten Träume!

V
Voodoo, 66

W
Wahre Hexenkunst, 42
Wandlungssubstanz, 81
Was ist Wohlstand? 14
Weitergeben und Nichtfesthalten, 40

XYZ
Sprich dir zu guter Letzt deinen eigenen Segensspruch:

Die Göttin ordnet meinen Lebensweg heute und
jederzeit. Alles wendet sich heute zu meinem Besten.
Die Weisheit der Göttin lenkt mich auf meinem Weg,
und der Segen der Göttin ruht auf allem,
was ich heute beginne.
Die Liebe der Göttin umgibt und beschützt mich,
und ich schreite ins Licht.
Ich bin ein geistiger und seelischer Magnet
und ziehe Glück und Segen an mich.
Alle meine Unternehmungen werden
sich zu außerordentlichen Erfolgen entwickeln,
ich werde den ganzen Tag über
uneingeschränkt glücklich sein.

1. Auflage, 2001
© Verlag Frauenoffensive, 2001
(Metzstr. 14 c, 81667 München)

ISBN 3-88104-340-3

Druck: Clausen & Bosse, Leck
Umschlaggestaltung: Erasmi & Stein, München
Zeichnung: Tatjana Kruse

Dieses Buch ist gedruckt auf Papier aus chlorfrei gebleichtem Zellstoff.